Caribú de Peary

Grace Hansen

Abdo Kids Jumbo es una subdivisión de Abdo Kids
abdobooks.com

abdobooks.com

Published by Abdo Kids, a division of ABDO, P.O. Box 398166, Minneapolis, Minnesota 55439.

Printed in China

052021

092021

Spanish Translator: Maria Puchol

Photo Credits: Alamy, iStock, Minden Pictures, National Geographic Image Collection, Shutterstock

Production Contributors: Teddy Borth, Jennie Forsberg, Grace Hansen
Design Contributors: Dorothy Toth, Pakou Moua

Library of Congress Control Number: 2020930696

Publisher's Cataloging-in-Publication Data

Names: Hansen, Grace, author.

Title: Caribú de Peary/ by Grace Hansen;

Other title: Peary Caribou. Spanish

Description: Minneapolis, Minnesota: Abdo Kids, 2022. | Series: Animales del Ártico | Includes online resources and index.

Identifiers: ISBN 9781098204280 (lib.bdg.) | ISBN 9781098205263 (ebook)

Subjects: LCSH: Peary caribou--Juvenile literature. | Caribou--Juvenile literature. | Reindeer--Juvenile literature. | Zoology--Arctic regions--Juvenile literature. | Spanish language materials--Juvenile literature.

Classification: DDC 599.73--dc23

Contenido

El Ártico

El Ártico es la zona más septentrional de la Tierra. Está compuesto por tierra y por el océano Ártico cubierto de **hielos marinos**. El clima es gélido. ¡Solamente los animales más fuertes pueden sobrevivir en el Ártico!

Caribúes de Peary

El caribú de Peary es la **especie** más pequeña y ligera de los caribúes. Sin embargo, son capaces de sobrevivir en las zonas más **hostiles**.

Su pelaje es muy **denso** y les permite mantenerse calientes. La mayoría de su pelo es blanco en el invierno. En el verano es más corto y oscuro.

El **hocico** del caribú de Peary es el más corto de todas las **especies** de caribú. También tiene las orejas cortas y peludas. Esto les ayuda a conservar calor.

Estos caribúes tienen patas y **pezuñas** grandes. Pueden caminar con facilidad sobre la nieve y el hielo.

Estas **pezuñas** también les ayudan a escarbar para conseguir alimentos. En el invierno, su comida está cubierta de nieve. Tienen que rebuscar para conseguir hierbas secas.

Los caribúes de Peary se desplazan con las estaciones. Siempre van buscando alimento. Su planta favorita en verano es la saxifraga violeta. ¡Les deja el **hocico** manchado!

saxifraga violeta

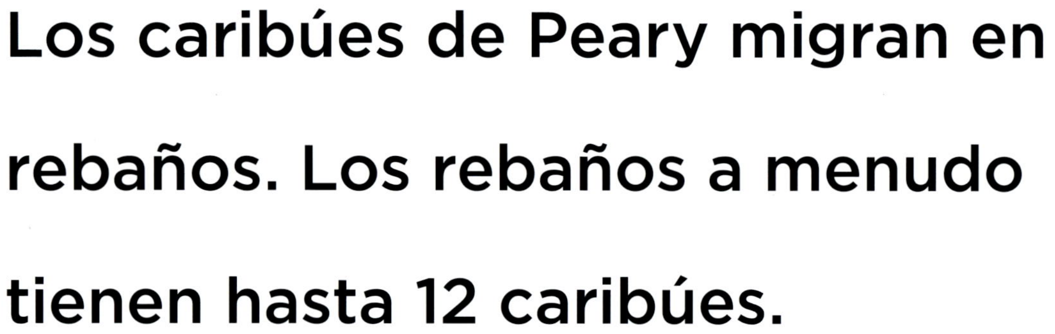

Los caribúes de Peary migran en rebaños. Los rebaños a menudo tienen hasta 12 caribúes.

Crías de Caribú de Peary

Si las hembras comen suficiente durante el verano puede que tengan crías. Las crías nacerían al siguiente junio. Los rebaños son más grandes en verano para proteger a los terneros.

Más datos

- El caribú de Peary puede llegar a vivir 15 años en la naturaleza.
- Su nombre le viene de Robert Peary, explorador estadounidense nacido en Cresson, Pensilvania en 1856. Empezó a explorar el Ártico en 1886.
- El Ártico canadiense es el único lugar donde habita el caribú de Peary.

Glosario

denso - que está muy junto y compacto, sin espacio.

especie - grupo de seres vivientes que son semejantes y pueden reproducirse juntos.

hielo marino - agua congelada de océano, normalmente cubierta de nieve.

hocico - parte frontal y saliente de la cabeza de un animal que incluye la nariz, boca y mandíbula.

hostil - difícil y desagradable.

pezuña - cubierta dura que protege el pie de algunos mamíferos.

Índice

¡Visita nuestra página **abdokids.com** para tener acceso a juegos, manualidades, videos y mucho más!

Los recursos de internet están en inglés.

Usa este código Abdo Kids

APK8886

¡o escanea este código QR!